ÉTUDES CHORALES

DE

L. D. BESOZZI

SOLFÉGES À QUATRE VOIX

COMPOSÉS POUR DES CONCOURS

DE

LECTURE À VUE.

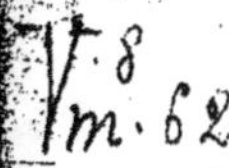

2
Dim.
Dim.
Dim.
Dim.
Allegretto leggiero.
7
11
ff
ff
ff
15
Dimin.
Dimin.
Dimin.
p
19

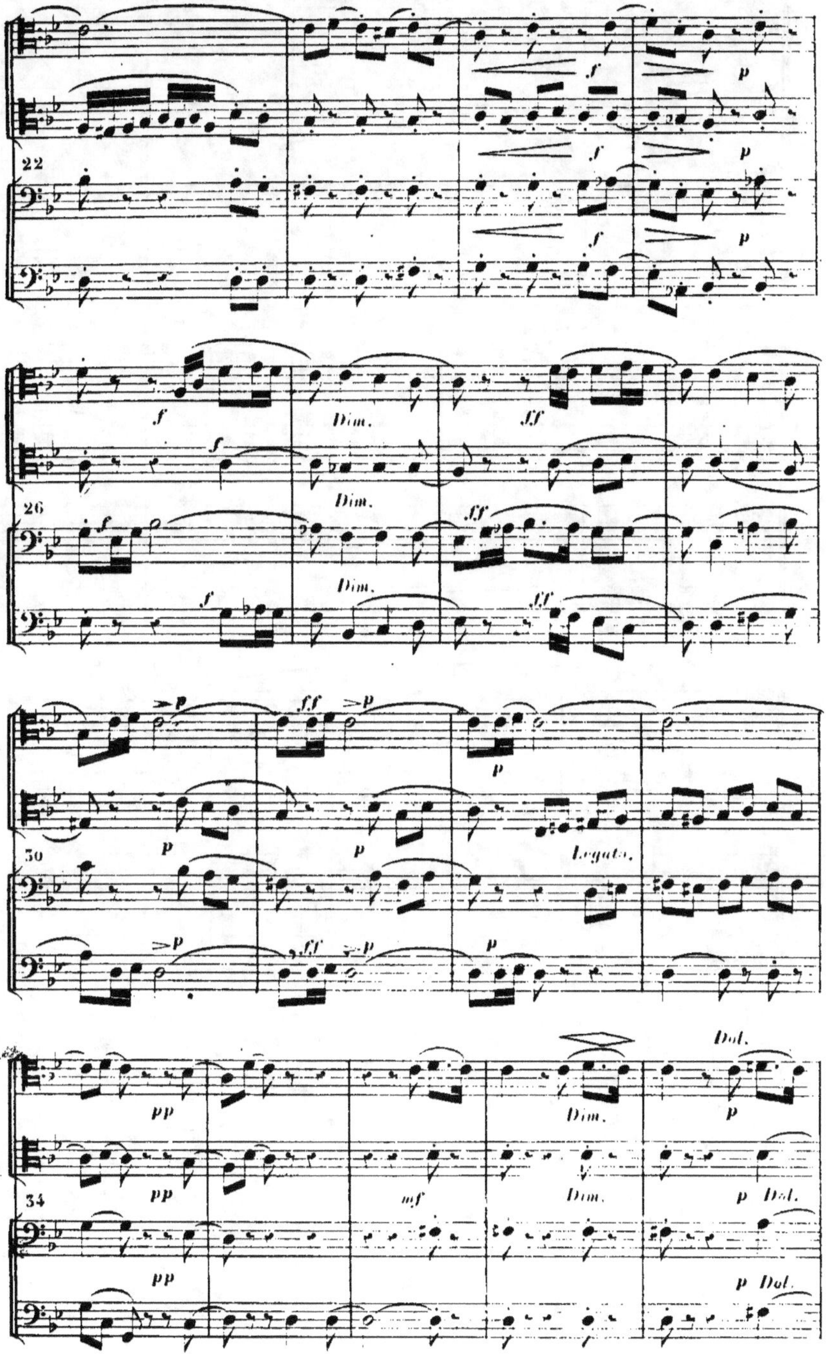
22
f
p
26
Dim.
ff
30
Legato.
34
pp
mf
Dim.
Dol.
p Dol.

Un poco animato.
Cresc.
Cresc.
ff Animato un
ff
ff Animato un

poco.
57
poco.
Sempre ff
Ral.
62
Ral.
Sempre ff
Ral.
2.
Allegretto.
Concours de Rouen 1868
TENORS.
1
BASSES.
p d i..
p
p
p
p
pp

6
Tempo 1º
15 pp
pp
Dim.
pp Rit.
mf
21
pp Rit.
mf
f Di _ min.
Cresc.
Di _ min.
Cresc.
27
f Di _ min.
Cresc.
Dim.
ff
33
Dim.
ff

7
Dolce.
p
39
p
p express.
45
p express.
ten.
pp
51
pp
ten.
pp
pp
57
pp
Dolce legato.
Dolce.

mf
mf
mf
70
f
Dim.
f
Dim.
76
pp
pp
82
ff
ff
ff
p
Ben legato.
p
Ben legato.
p

BESOZZI Solf: de Concours 2ᵉ Liv.

3

Andante sostenuto.
Concours de Rouen 1868.
TENORS.
BASSES.
pp
pp
pp
pp
1
Dol.
Dol.
Dol.
mf
mf
pp
p
Dol.
3
3
3
3
Dim.
Dim.
Rall.
Lento.
Allegro.
ppp
ff
Lento.
ff
12
Rall.
ppp
ff

ff
Leggiere.
mf
17
ff
Leggiere.
mf
22
Leggiere.
pp leggiere.
pp
27
mf
mf
Dolce.
f
p
32 f
f
f

Dolce.
37
p
Leggiere.
pp
Leggiere.
43
pp
Leggiere.
pp
Leggiere.
pp
Cresc.
Cresc.
48
Cresc.
ff
ff
Dim.
p
Dim.
53
Dim.
p
p

Franco.
58
ff
ff
ff
ff
Dol.
Dim.
ff
pp
63
Dim.
ff
pp
Dim.
ff
Dol.
pp
69
74

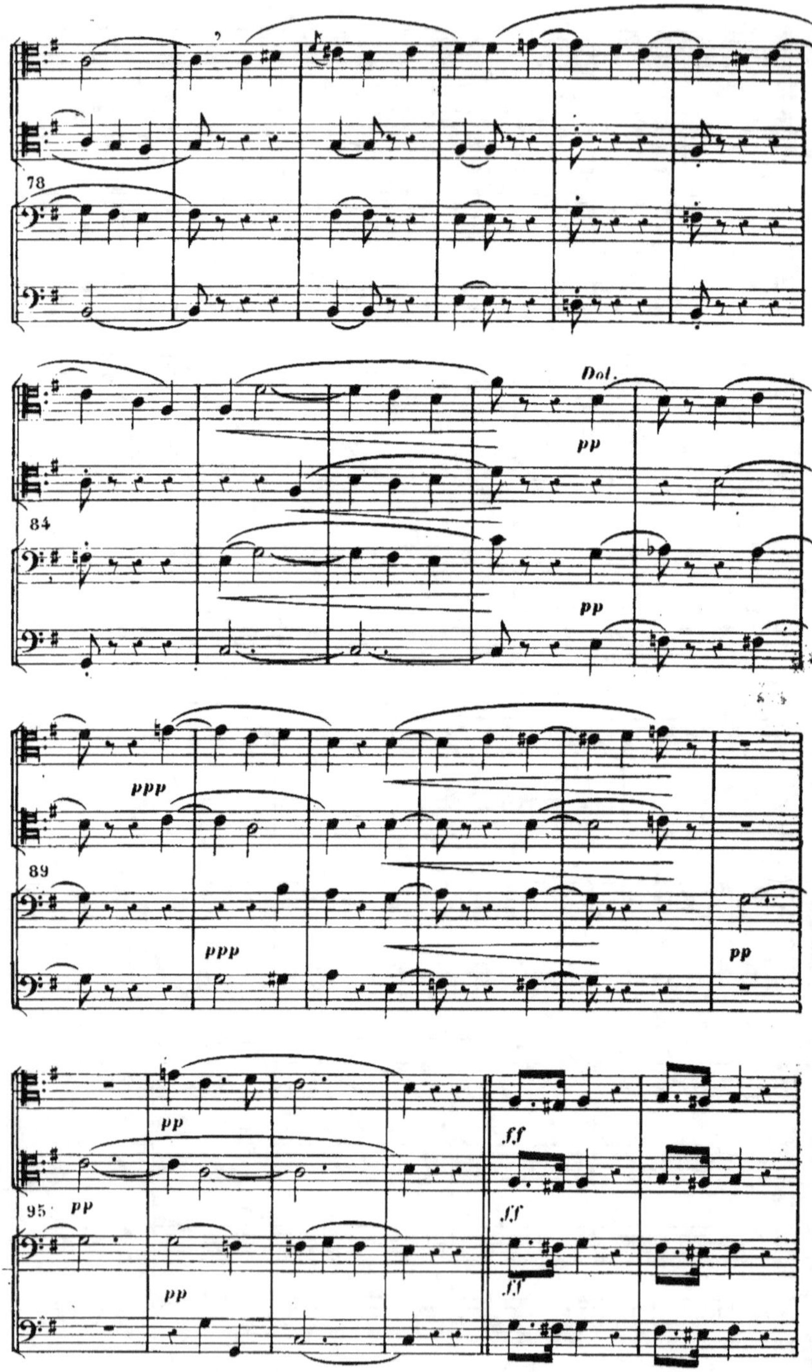
78
84
Dol.
pp
pp
89
ppp
ppp
pp
95
pp
pp
pp
ff
ff
ff

101
106
111
116
sff
sff

4

Allegretto.
TENORS.
BASSES.
Dolce.
Dolce.
p
p
p
ff
pp
ff
pp
ff
pp
Cresc.
Cresc.
Cresc.
f
f
f
Espressivo.
p

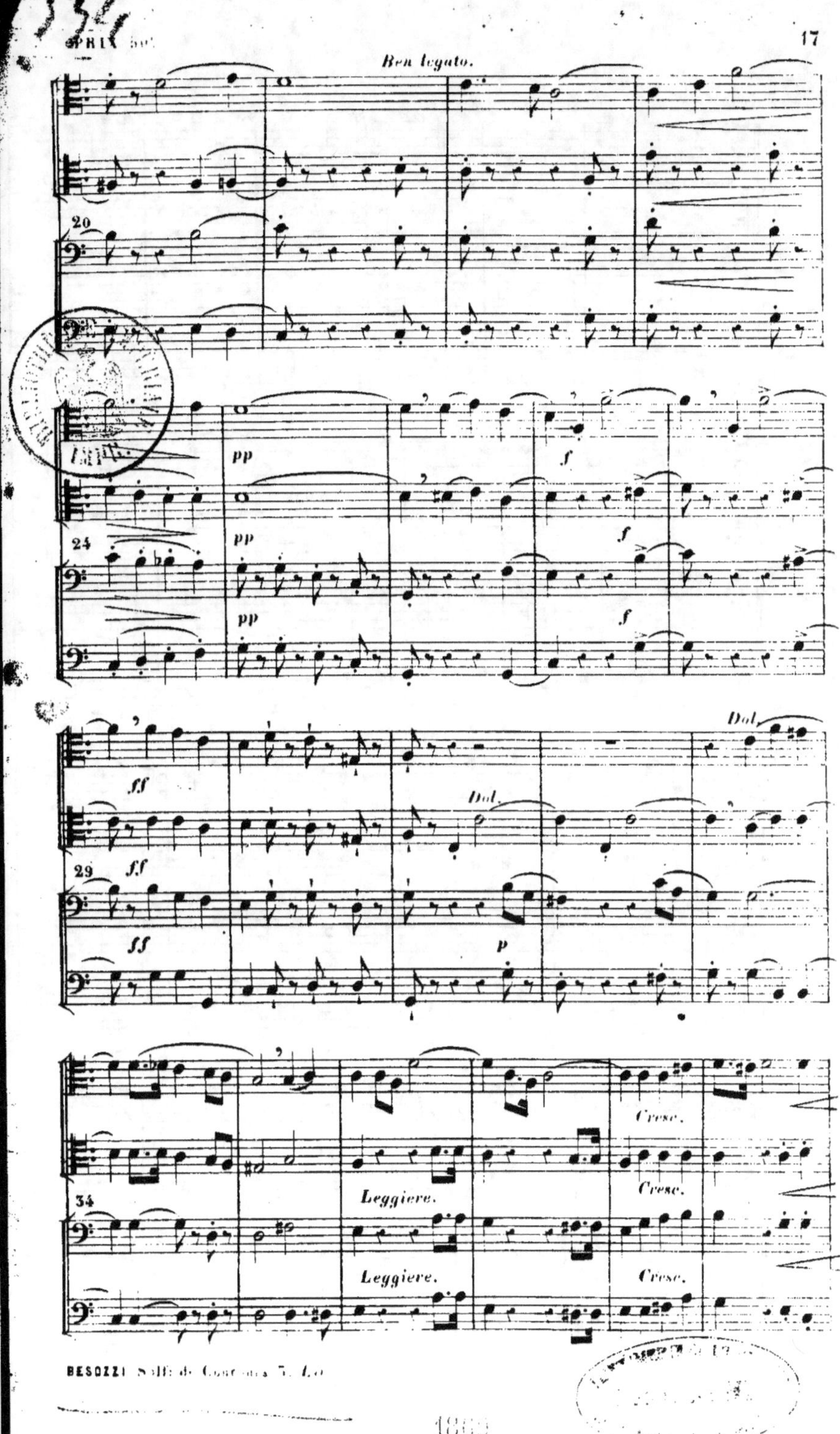
Ben legato.
20
pp
pp
24
pp
ff
Dol.
ff
Dol.
29
ff
p
Cresc.
Leggiere.
Cresc.
34
Leggiere.
Cresc.

Di _
Di _
Di _
40
46 _ min.
p
ff
_ min.
_ min.
52
Ac _ ce _ le _ ran _ do.
Sempre ff
57
Sempre ff

5

Concours de Grenoble. (1863)
Moderato.
TENORS.
BASSES.
mf
mf
mf
mf
Cresc.
mf
Express.
Dim
p
Elegante.
Cresc.
mf
Express.
Dim
p
Cresc.
Dim
p
Dol.
Dol.
p

pp
f
pp
f
Dol.
Dim.
f
p
p
Cresc.
p
Cresc.
p
Cresc.
Dim.
f
f
f

Ralent. Lento.
ff
Ralent.
66
ff
Ralent.
f
ff
Ralent.
f
ff
Ralent.
Lento.

6

Andantino.
Concours du Havre (1868)
TENORS.
pp
mf
1
pp
mf
BASSES.
pp
mf
pp
mf
7
pp
pp
pp
14
f
f
f

24
mf
Cres _ _ cen _ _ do.
45 mf
Cres _ _ cen _ _ do.
mf
Cres _ _ cen _ _ do.
f
51
f
f
Animato.
ff
58
ff
ff
Ra _ lent.
Ra _ lent.
64
Ra _ lent.

PRIX 50c

7

Concours du Havre (1863)

Moderato.
p Dol.
TENORS.
p Dol.
p Dol.
pp
BASSES.
pp

Cresc.
Legg.
Cresc. un poco.

mf
Di - min.
mf Legg.
Di - min.
mf Legg.
Di - min.

Dol.
>p
Dol.

Leggiere.
Leggiere.
Ben legat.

43
49
54
f
Di - min.
60 f
Di - min.
f
Di - min.

65
71
77
83
p
p
p
ff
ff
ff
Sempre ff
Sempre ff
Sempre ff
3
3
3
3
3
3
3
3

8

Moderato.
mf
TENORS.
Dolce.
mf
mf
BASSES.
mf
6
10
p
p
p Leggiere.
p
Dol.
15
Dol.
Dol.
f
f
ff
ff
ff

Dim.
p
Cresc.
ff
p
Cresc.
ff
20
p
Cresc.
ff
p
Cresc.
ff
p
26
p
p
ff
p
p Dol.
ff
p
Leggiere.
32
ff
p Dol.
Leggiere.
ff
p Dol.
Leggiere.
38

p
42 p Dol.
mf pp
mf pp
mf pp
mf pp Cresc. Dim.
48 mf pp Leggiere. Dim.
mf pp Cresc. Dim.
Dolce. p
p
54 p
p
60 f Dim.
f Dim.
f

32
Leggiere.
f
pp
66 f
Dim.
pp
f
Dim.
p
pp
71
77
p
p
p
Ralent.
Lento.
f
Di - min.
82
f
Di - min.
f
Di - min.
Ralent.
Lento.

ROZZI Solf: de Concours 5e Liv.

1869

pp
Dim.   p
ff
ff
ff
ff

10.

Concours de Melun (1868)

Solfége *demandé* pour 2 Soprani, Tenors et Basses

Moderato grandioso.

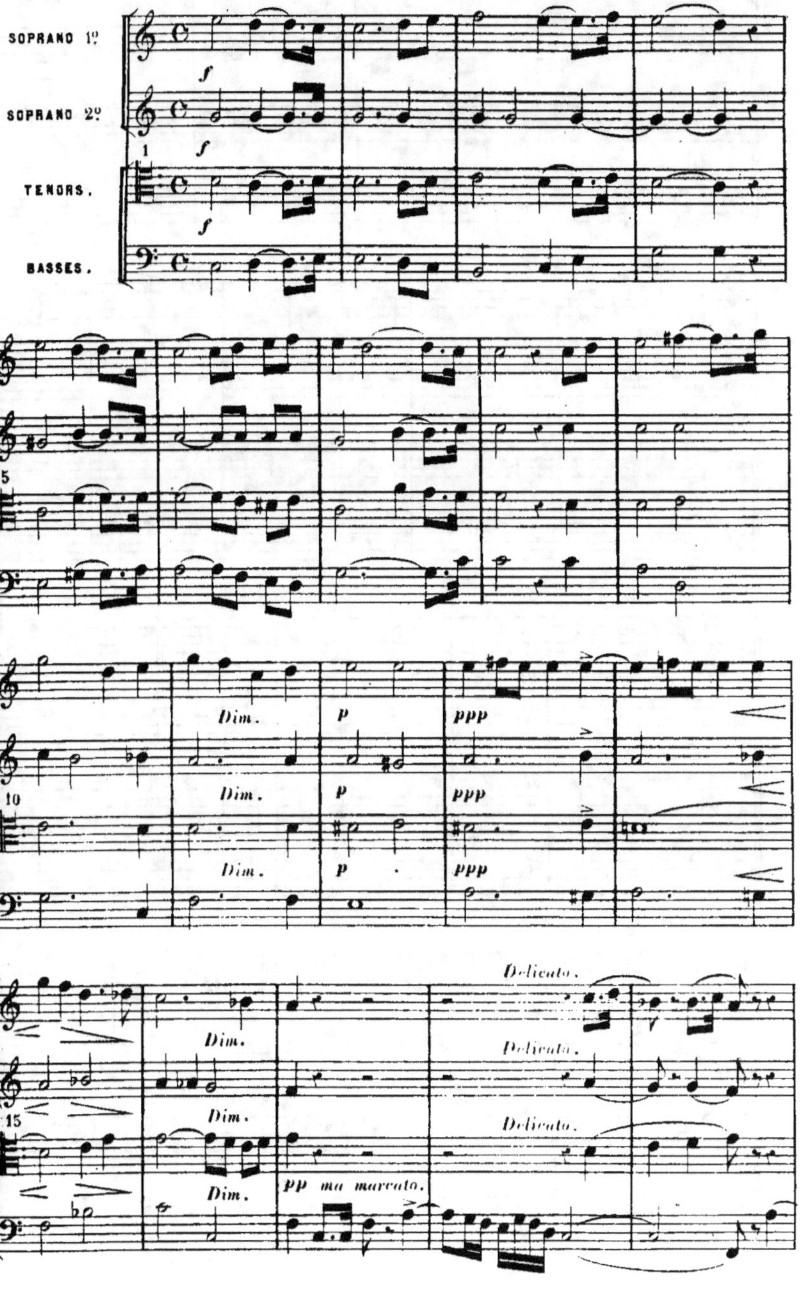

Expressivo.
20
Dol.
p
pp
ppp
25
pp
ppp
ppp
pp
pp
30
ff
ff
ff
Dim un poco.
35
ff
ff

Riten.
Dim.
Dim.
40
Dim.
Dim.
Più lento.
45
Riten.
Leuto.
f
Pesante.
ff
f
Pesante.
ff
50
f
Pesante.
ff
11.
Concours d'Angers (1869)
Solfège demandé pour 3 voix.
Andantino.
TENORS.
mp
BARYTONS
ou 2ds Tenors
1
mp
BASSES.

p
p
f
ff
ff
f
Dim.
Dim.
Dim.
Dim.
p
p

Cres - cen - do.
Cres - cen - do.
ff
ff

40
48
52
-min.
Dol.
-min.
p
p
p
57
f
f
60
ff
ff
12.
Moderato quasi Andantino.
Concours d'Angers.
(1869)
TENORS.
BASSES.

PRIX 50c net.

p
Crescendo.
ff
6
p
Crescendo.
p
f
f
11
f
f
ff
ff
Dim.
f
ff
16
ff
Dim.
f
ff
p
f
21
p
p
f

BESOZZI Solf: de Concours 6e Liv.

p
>p
-p
45 >p
f
>p
pp
>p
f
>p
Dim.
pp
50
f
Dim.
pp
55
ff
ff
pp
58 Legato e pp
Dim.
pp

13.

Concours des Lilas (1869)

Dol.
p
24
Dol.
p
29
f>p
f>p
f>p
f>p
Cresc.
Cresc.
Cresc.
35
f
ff
42
f
ff
f
ff

14

Allegretto.
Dolce.
TENORS.
BASSES.
Cresc un poco.
Cresc un poco.
Dim.
Dim.
ff
ff
ff

Dol e leggiere.
22
27
Dolce.
32
Dol.
37

Dol e legato.
ff
p
ff
42
ff
pp
48
pp
ff
pp
54 ff
ff
pp
59
ff
ff

SAVOZZI Solf: de Concours 7e Liv.

22
Cresc.
28
Cresc.
Dim.
Dol.
Legg.
Legg.
Dol.
33
39

45
Dim e rit.
51
Dim e rit.
pp
pp
pp
pp
Tempo 1°
56
62
ff
ff
ff
p

67
72
16.
Concours des Lilas (1869)
Solfége demandé pour
Soprani, Tenors et Basses
Allegro.
SOPRANI.
TENORS. 1
BASSES.
p e delicato.
p e delicato.
p e delicato.
Dim. p
Dim. p
Dim. p

Dol.
p
Dol e legato.
p
p Dol.
Cresc.
ff
pp
Cresc.
ff
pp
ff
p
ff
p
pp
pp
Dol.
p
f
Dol.
p
ff
ff

36
41
Di — mi —
Di — mi —
Dol e legato.
nuendo.
nuendo.
p
46
f
ff
f
ff
51
f
ff
Sempre ff
f
ff
Sempre ff
55

17.

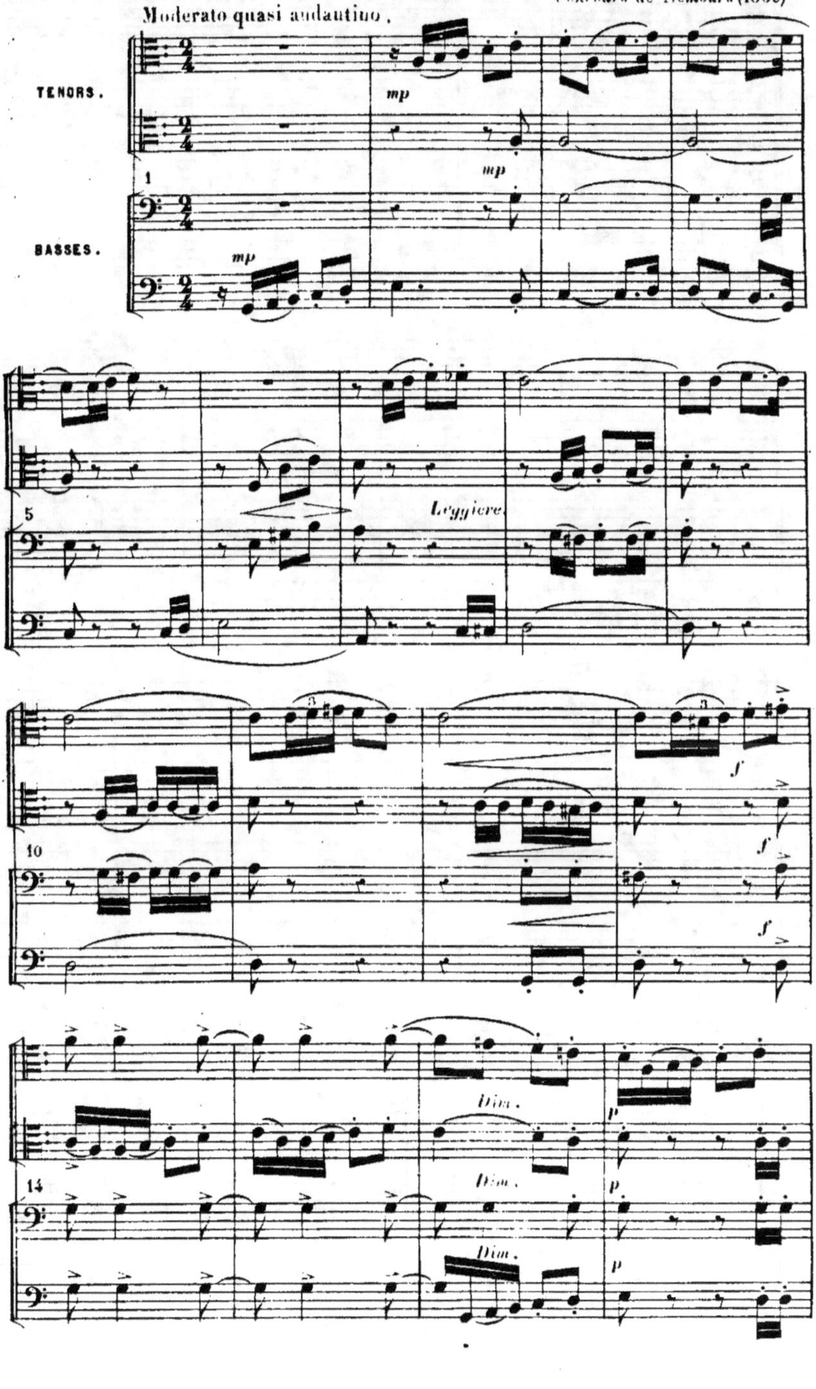

Dim.
Dim.
18
Dim.
Cresc.
Cresc.
23
Cresc.
Cresc.
Dol.
ff
p
ff
27 ff
Dim.
p Dol.
ff
Dim.
p Dol.
32
pp
pp

Espressivo e legato.
37 Espressivo e legato.
42
46
50
BESOZZI Solf: de Concours 8ᵉ Liv.

Cresc.
54
Cresc.
3
ff
Dim.
59 ff
Dim.
ff
Dim.
p
pp
64
p
pp
p
pp
ff
ff
70 ff
ff

18

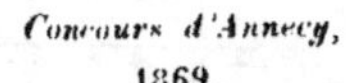

Allegretto.

TENORS.

mf

1   mf

BASSES.

mf

pp

5   pp

pp

pp

ff

10   ff

pp

ff

14
Dol.
ff
p
Dol.
p
19
ff
p Dol.
24
p
28

Dol.
ff
Dim.
p
Dol.
ff
Dim.
p
ff
p Dol.
ff
ff
ff
Dol e ben legato.
Dim.
p
Dim.
Dol e ben legato.
p
Dim.
33
38
43
48

Dim.
Con grazia.
Dim.
53
Dol. e. ben. legato.
58
p
pp
pp
pp
pp
> pp
62
> pp
> pp
ff
67
ff

Sempre ff
Sempre ff
71
76
Sempre ff
80
Di - - min.
Di - - min.
84
ff
ff

19.

Concours de Nemours (1869)
Solfége *demandé* pour
2 Soprani, Tenors et Basses.

Très lent *en stile de Chorale.*

BESOZZI Solf: Concours 9ᵉ. Liv.   1870   Paris, chez Prosper Pégiel, 110, R. du Bac.

p
pp
pp
56
mf
pp
mf
mf
Sostenuto ed espressivo.
mf
3
40
mf
mf
3
f
p
ff
p
Sostenuto.
ff
p
ff
p
mf
Dim.
ff
p
ff
p
mf
Dim.
44
ff
p
ff
p
mf
ff
p
ff
p
mf
f
49
p
f
f

Rit un poco.
Sotto voce.
20
Tempo di marcia Allegro.
TENORS.
BASSES.
Legg.
Cresc.
Legg.
Cresc.

68
Sempre ff
9
Sempre ff
mf
Dim.
p
15
mf
Dim.
p
ff
ff
17
ff
Sempre ff
22
Sempre ff

Dol.
Dol.
p
Dol.
p
26
p
31
p
36
p
41
pp
pp

ff
45
ff ben marcato e non legato.
49
53
56

21

72
ff
ff
24
Dim.
Dol.
pp
p
30
Dim.
pp
pp
p
mf
mf
37
p
p
p
mf
mf
Dol.
p
44
p
p

PRIX 50 c. net.

BESOZZI. Solf: Concours 10e Liv.   Paris, chez Prosper Pégiel, 110, R. du Bac.

22

Allegro più tosto animato.
TENORS.
p e legg.
BASSES.
p e legg.
1
5
Cresc.
Cresc.
11
Dol e ben legato.
p
17
f
pp
p

22
p e ben legato.
Dol.
ff
p
ff
28
p
ff
p Dol.
Ben staccato.
34
p
p
Cresc.
40
f

Dim.
f
p
45
f
p
50
f
p
f
p
55
f
ff
f
ff
sf>p Dolce.
sf>p
Legg.
60
sf>p
sf>p
Legg.

64
68
72
76
Cresc.
Cresc.
Dol.
Dol.
Cresc. molto.
ff
ff
f
f
f
p
p
p

Moderato.
TENORS.
BASSES.
mf
p
mf
Dol.
Di — min.
Di — min.
Di — min.

ff
Dim.
p
Dim.
p
14
Dim.
p
ff
Dim.
p
f
p
mf Dim.
p
18
f
p
mf Dim.
p
Cresc.
Cresc.
22
p
f
Legg.
26
p
f
p
f

29
32
36
40
f
pp
f
pp
f
p
ff
Di _ min.
p
p
Di _ min.
p
Cresc.
ff
Cresc.
ff
p
p
p

Dim   e   ralent.
ff
44
Dim   e   ralent.
ff
24.
Allegro. Dolce e leggiere.
TENORS.
p
p
1
BASSES.
p
7
mf
Dim.
mf
Dim.
mf
Dim.
14
f
p
f.
p
f
p

21
Cresc.
ff
Di -
28
Cresc.
ff
Cresc.
ff
Di
mi - nu - en - do.
pp
35
pp
mi - nu - en - do.
pp
Cresc.
ff
42
Cresc.
ff
Cresc.
ff
Cresc.

25.

Allegretto grazioso.

Cresc.
Cresc.
Cresc.
f
p
f
p
f
p
Dol e legato.
p Dol e legato.
p Dol e legato.
p e ben staccato.
f
f
p
p
p

86
26
Di - min.
f
p
Di - min.
f
p
Di - min.
f
p
50
f
f
f
p e dol.
mf espressivo e ben legato.
p
p
34
p
p
p
pp e ben
38
staccato.

42
46
50
Dim.
Anim e molto
Molto leggiere.
53
Molto leggiere.

88
Crescendo.
ten.
ten.
ten.
ten.
ff
59
Anim un poco.
fff
62
fff
fff

26.

Moderato.
TENORS.
f
f
1
f
BASSES.
f

PRIX 50c net.

7
14
21
28
p
f Cresc.
p
f Cresc.
p
f Cresc.
ff
Di - min.
p
pp
Cresc.
Cresc.
Cresc.

Cresc.
Cresc.
62
Cresc.
ff
ff
Cresc.
ff
Più lento.
Dimin.
pp
ff
69
pp
ff
pp
ff
Allegro.
f
ff
77
ff
f
ff
f
27
Allegretto leggiero e delicato.
Dol.
TENORS.
Dol.
BASSES.
p

Cresc. un poco.
Cresc. un poco.
pp
Cresc. un poco.
Dimin.
p
Dat
ff
ff
ff
p

Più lento.
Sempre ff
Ralent molto.
Ralent molto.
Ralent molto.
39
45
47
Ri _
Ri _
Ri _

28

96
18
ff
ff
22
fff
fff
Dol.
p
25
p Legg.
p
30

ff
Dim.
f
Dim.
34
ff
Dim.
f
Dim.
p
f
Dim.
p leggiere
37
f
Dim.
p
pp
p
40
pp
ff
p
Cresc.
44
ff
p
Cresc.

ff
p
Dim.
pp
43
ff
p
Dim.
pp
29.
Allegretto.
Legato.
TENORS.
Legato.
mf
1
mf
BASSES.
Dim.
p
mf
7
Legato.
mf
15
p
p

mf
Di _ _ min.
19
mf
Di _ min.
p
ff
mf
25
p
ff
mf
ff
31
ff
p
f
p
36
p
f

42
mf
Dim.
mf
Dim.
f
Dim.
p
48
f
Dim.
p
pp
p
53
p
pp
p
Poco a poco cresc.
59
Poco a poco cresc.

ff
p
65
Leggiere.
71
mf
mf
ff
Dim.
p
77
ff
Dim.
p
Ben legato.
ff
85
ff

30.

Lento. en style de Prière.
SOPRANO 1º
SOPRANO 2º
TENOR.
BASSE.
f sans dureté.
f sans dureté.
f sans dureté.
Espressivo.
mp
mf Dim.
Espressivo.
mp
mf Dim.
f
f
f
Sotto voce e dramatico.
Dol e cantabile.
pp e staccato.
pp
pp e staccato.
pp e staccato.
pp

Molto espressivo.
mf
Ben legato.
25
mf
mf
Ben legato.
p
33
Divisés.
p
Cresc.
Cresc.
ff sans dureté.
39
ff sans dureté.
pp
46
pp
pp
Ben staccato.

Rit.
Rit.
Rit.
Tempo 1º
Avec ampleur.
Espressivo.
f
Malto dolce.
sf>p
p>
pp
Ral.
sf>p
p>
pp
Ral.

www.ingramcontent.com/pod-product-compliance
Lightning Source LLC
LaVergne TN
LVHW021453170726
843501LV00005B/1632